UNA ONZA DE AMOR

LUCÍA BALLESTER

CAAW EDICIONES

Título original: *Una onza de amor*
© Lucía Ballester, 2017
© Primera edición, CAAW Ediciones, 2018
ISBN: 978-1-946762-07-8

Ilustraciones: © Lucía Ballester, 2016
Diseño de cubierta y de letras: Faride Mereb
Edición y texto de contracubierta: Kelly Martínez-Grandal
Notas de presentación: Aldo Menéndez y Jesús Vega
Coordinación editorial: Yovana Martínez Milián

Este título pertenece a *Catálogo Yulunkela* de CAAW Ediciones. CAAW Ediciones es la división editorial de Cuban Artists Around the World, INC.

Todos los derechos reservados. Esta publicación no puede ser reproducida, ni en todo ni en parte, ni registrada en, o transmitida por, un sistema de recuperación de información, en ninguna forma ni por ningún medio, sea mecánico, fotoquímico, electrónico, magnético, electróptico, por fotocopia o cualquier otra, sin el permiso previo por escrito de CAAW Ediciones.

a Gory, Adrián
y todos los que me han alentado

No son pocos los poetas cubanos que han ilustrado sus propios versos; pintores y dibujantes tan capaces e igual de trascendentes con la pluma que con el pincel. Lucía Ballester es un ejemplo importante en este sentido. Ella nos presenta aquí su trazo poderoso, que casi se parece a los bocetos de un escultor, realizados con absoluta soltura, de manera que recuerdan las obras de los monstristas, pero con la arrolladora humanidad de infantiles animalejos, sorprendidos en movimientos lúdicos, que logran conjugar lirismo con desiguales geometrías y cuerpos estructurados dentro del idioma de una red de líneas quebradizas, que se tornan en texturas que sustentan los rasgos esenciales con que luego se teje la existencia y la historia de cada ser.

Aldo Menéndez

Un poema es una voz en el desierto, la huella nítida impresa en la arena, que es al mismo tiempo huella de otros pies y otros tiempos pasados y futuros. Un poemario es clamor, suma de ecos, donde las palabras cobran vida con un ritmo inusual para crear un conjuro contra el vacío existencial y el olvido. Esa es precisamente la divisa de los poemas de Lucía Ballester, en los que cada verso crea una atmósfera donde el niño que fuimos se encuentra con lo que fue y lo que será, donde nos encontramos con nuestros sueños y nuestros fantasmas transformados en realidades. Lucía se arma con el poder de la palabra para evocar, materializar, añorar, en un instante remoto que aclara de una vez por todas un enigma, para sembrar al mismo tiempo la materia de nuevas interrogantes del ser, donde la letra, como bien dice: «… se transfigura, vive». Una mujer que vive por la palabra, y, sin saberlo, tiene el don de la eternidad.

Jesús Vega

azogue

al otro lado del espejo
tras la fría piel de azogue
viven los espectros
y estudian el axioma de la imagen
en la frontera del vitral y la habitación.

la razón

creí que era lluvia común
pero no
era leche del pecho de mi madre
y vino tibio
que ofreciera el labio del amante
era la vida
la razón asfixiada

comunión

cuando cerraron la última puerta de la infancia
dejé atrás la comunión del sol y el viento
dolió mucho convertirme en hereje
vivir sin Padre

finalmente

las manos del profeta dibujaron mi fe

pasajero

Bukowski es otro pasajero de la tierra
rumbo al credo de las putas
a bordo del alcohol
ungido en la palabra
como si reluciera un astro
del hilo de saliva
labio y cristal
cada noche de viernes

letra

apenas he comenzado

y tus labios devoran mi poema

besan mis dedos con furia

sé que están enamorados de mi letra

mi letra que salta

se transfigura

vive

una onza de amor

rogué por una onza de amor
a madre ajena
y un viento gélido
marcó mi cara
se fue la calidez de mis arterias

invención

nunca nací
he resultado una invención
me repito a lo largo de las horas
mientras el tiempo
confirma con su silencio
que jamás he estado aquí

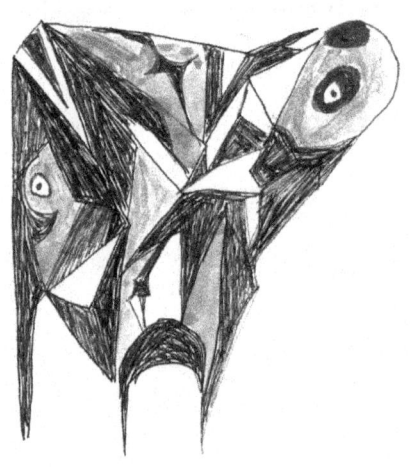

nubes apetecibles

de la propia preñez me alimento

de frutas

flores

nubes apetecibles

me siento etérea

es que hijo mío

estás desde mi vientre

clamando vida

a mediodía

en este golpe de verano

espíritu cautivo

el poeta se desnuda
hace saltar su pudor
sobre la hierba
deshace sus antiguas vestiduras
no deja atar al mástil de la razón
su espíritu cautivo

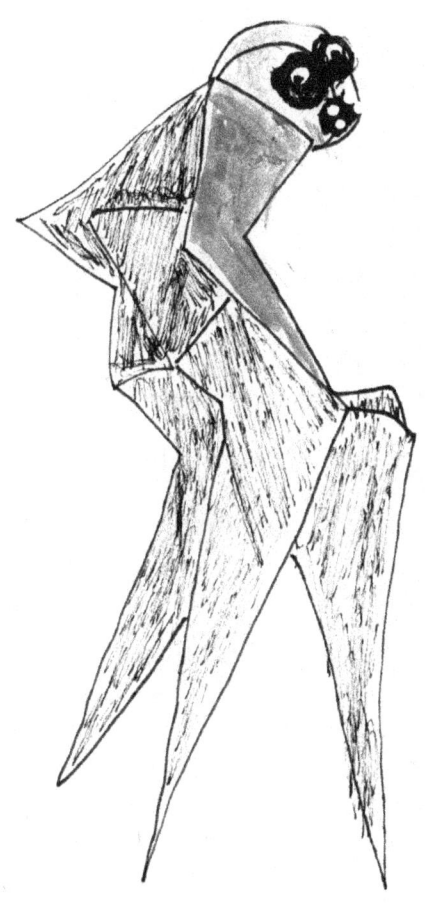

Lucia/2016

sobre la herida del costado

Jesús a punto de morir
hoy repite su muerte
su muerte inexorable
cubierto en la palidez de un viernes
sangre que se desborda
permanece perpetua

visiones

auxíliame mi Dios
dame un minuto de existencia en esta imagen

que me taladra

no quiero deslizarme
por este sendero soterrado que anula los
sentidos

dame una causa
líbrame de esta escalada de sombras
convénceme Dios
de que no estoy sola
en este laberinto de visiones

cuaresma

no he podido rezar
buen Dios
desde que se inició la cuaresma

traspuesta en los espejos la indulgencia
hora a hora
se aísla en el gris de los días
azotando fiero el aire empecinado

viernes santo

estoy bebiendo sangre de Cristo
en las afueras de la ciudad
no sé quién va a volver a ella
para rodearla de amor

alguien podrá
con el agua del costado de Cristo
purificar sus plazas
ahora pervertidas
con una palabra amigable
se hará luz
para la nueva creación

Lucia/2016

pobre amor

mi madre trajo un reptil a casa
desde la catedral bañada de sol
atravesó los siglos

pobre amor y su piel
contaminada
inútil
como la causa que lo arrojó a mi puerta

zumo de la tierra

hoy es la próxima vez
que esta mujer
sobrevuela el monte
es la próxima vez
que la alcanza
el agridulce zumo de la tierra
mezclado con el néctar de las flores
inicia un verso silencioso
entre humildes ceremonias que se prodigan

mutismo

sola

palpo la arena cautelosa

y deshago las dunas

acarreando susurros

cercanos al mutismo

la lengua de las aguas

se hace preciso hablar
con las aguas su lengua
atándolas al origen de las olas

desde otro islote
siempre alguien responde
habitantes del mar
provienen de remotas cavernas
se precipitan en las rocas

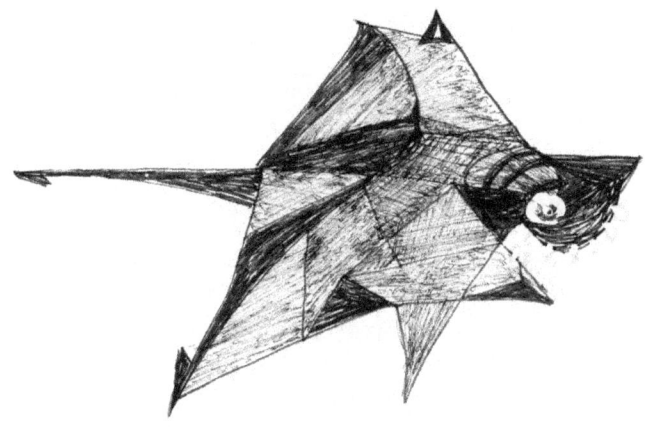

átomos de verano

al final me tengo yo

consumiendo los átomos de verano

sobre la hierba fresca

recién cortada

me tengo yo

con todo mi desastre

dibujando una esfera

atada al ruedo

vida

en esta habitación
no se puede nombrar a la muerte
porque se acerca con lentitud
un aire helado
que arrasa con el aliento vital

al frotar las piedras animadas por mí
vuelve la vida a danzar
con la palabra exacta

Lucia/2016

amor pertinaz

no hay principio
ni habrá fin
para este amor pertinaz
que abarca
los extremos de la tierra

este amor nunca cesa
siempre fue adulto
hizo arrojar volcanes
sacudir la tierra
y se preservó
como un fósil
grabado en una piedra

fracción de ciudad

los pies flotan

a milímetros del suelo

en esta fracción de ciudad

nada existe

capaz de ofrecer

una inmersión satisfactoria

la despido de mí

celda

hizo de la celda
una espiral
un claustro
donde transita la maternidad
crecen hijos no concebidos
envueltos por la noche

Palas Atenea

sellé un pacto de honor con Palas Atenea
al principio dudó
luego
cumplió su palabra
se transformó en una mujer común
abandonó su brillantez
pulió la joya de la inteligencia en secreto
yo a cambio
le ofrecí
todo mi tiempo

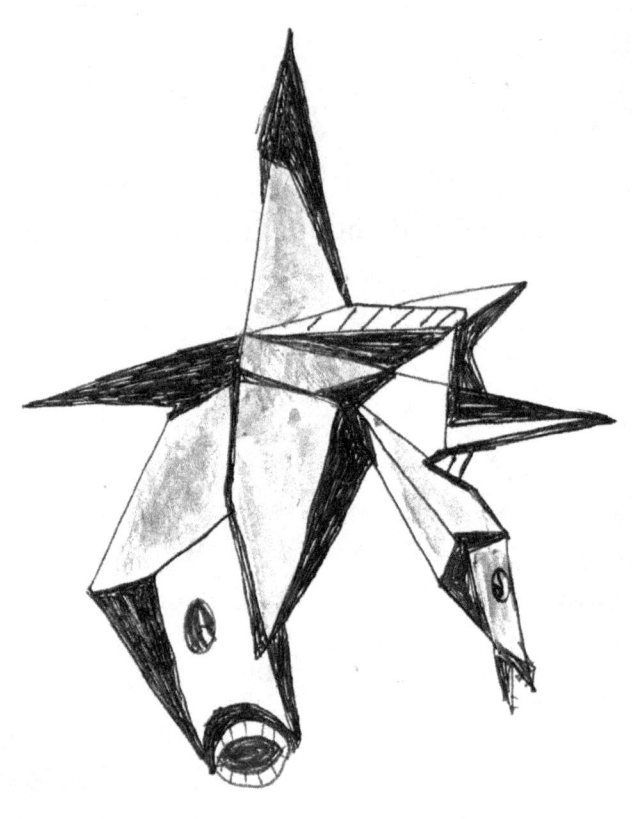

Índice

azogue	14
la razón	15
comunión	17
pasajero	19
letra	20
una onza de amor	22
invención	23
nubes apetecibles	25
espíritu cautivo	26
sobre la herida del costado	28
visiones	29
cuaresma	31
viernes santo	32
pobre amor	34
zumo de la tierra	35
mutismo	37
la lengua de las aguas	38
átomos de verano	40
vida	41
amor pertinaz	43
fracción de ciudad	44
celda	46
Palas Atenea	47

Lucía Ballester Ortíz (1949, La Habana, Cuba), licenciada en Historia del Arte en la Universidad de La Habana, en 1978. Como escritora publicó *Ojos incendiarios* (Magcloud, 2014), *Noticias de uno mismo* (Ed. Free Víbora, 2009), *Una suma de frágiles combates* (Ed. Betania, 2005), *Poemas domésticos* (Taller de grabado Malgón, 2005), En *la décima noche de Saturno* (Ed. Extramuros, 1992) y *Áreas exclusivas señalizadas* (Ed. Praxis, 1990). Entre sus exhibiciones personales como artista plástica están *Criaturas en Peligro*, en Borders Picture Framing Gallery de Miami, en 2010, y *Bestiario*, esculturas y dibujos, en Nuez Art Gallery en Miami, en 2006.

2018
caawincmiami@gmail.com
www.cubanartistsaroundworld.com

www.ingramcontent.com/pod-product-compliance
Lightning Source LLC
Chambersburg PA
CBHW020023050426
42450CB00005B/622